AMOUR

Alisa Drew

Contents

1

Yeah it's me !

Melina Gray ou Mel les deux marche. J'ai 17ans et vie à Denver dans le ColoradoJ'y vie avec ma mère mes parents sont séparés

Lui c'est mon idiot de grand frère Blake Gray Il a 20ans et vie à Miami avec mon père Étant donné qu'il fait enfin qu'il faisait ses études la bah il est parti avec mon père On s'entend très bien sinon

Elle c'est ma copine EllaElle a 17ans et vie à Denver dans le Colorado comme moiOn est ensemble depuis 6mois maintenant. Les gens nous surnomment « choco/vanille » je pense que vous avez compris pour quoi

On est en pleins milieu des grandes vacances fin milieu juillet précisément et je part à Miami chez mon père. J'ai hâte de retrouver mon frère mon père et mes potes que je me suis faite les vacances précédentes.

Oh et j'ai oublié je suis assez connue sur les réseaux, enfin connu j'ai 1m sur tiktok et presque 1m sur insta aussi.

Mom : tu va me manquer

Mel : tu va me manquer aussi mais je t'appellerais t'inquiète

Mom : oui oui

Mel : profite bien de tes vacances avec Éric hein

Mom : oui préviens moi quand t'arrive

Mel : yep t'inquiète

Je lui fais un gros câlin et part. J'aurais aimé que Ella sois là mais bon…

4h plus tard me voilà arrivé, je sort de l'avion récupère mes valises et part à l'entrée de l'aéroport ou mon père et mon frère m'attendent

Blake : Mel !!

Il viens vers moi et me soulève en me faisant tourner comme quand j'étais petite

Blake : ptn t'es lourde !

Mel : j'ai plus 2ans idiot !

Blake : oui sa j'ai remarqué t'inquiète *rigole*

Mel : pfff

Dad : eh oh je suis là

Mel : papa !

Je lui fais un gros câlin. J'ai une très bonne relation avec toute ma famille ce qui est cool.

Dad : le voyage c'est bien passé ?

Mel : oui ça a était

Blake : je prend ta valise et on y va ?

Dad : oui aller go

Il prend ma valise et on part. Dans la voiture mon père a mit la musique alors mon frère et moi on s'est amusé à chanter comme si on était à un concert.

Eh oue j'ai une salle de bain rien que pour moi grrr

Je range mes affaires et prend une petite douche puis m'habille

Je descend et trouve mon frère avec ses potes c'est à dire Bryce Noah et Josh

Bryce : ahhhhhh Mel !

Mel : brybry !!

Je lui saute dans les bras en lui faisant un câlin

Noah : ça va Josh ?

Josh : super et toi ?

Noah : super merci

Mel : mes copains préféré !

Je leur fais un câlin à chacun

Bryce : alors ça va ?

Mel : bah ça va et vous ?

Josh : ça va ça va hein

Mel : ils sont pas là les autres ?

Blake : si on dois les rejoindre en ville

Mel : bah on y va alors rohh

Noah : oui oui c'est bon

Mel : je conduis !

Blake : hors de question !

Mel : mais-

Bryce : non !

Mel : pff vous êtes pas drôles

Josh : oui aller on y va

Mel : oui

Je prend mon sac et nous partons en voiture au Starbucks. On entre et je vois au loins les autres j'avance vers eux et des qu'ils me voient ils affichent un grand sourire

Nessa : mais regardez qui voilà !

Mel : coucouuuu !

Sab : omg t'es sexy meuf !

Mel : merci bébé

Payton : ta changé en 2ans

Oui sa fais deux an que je les ai pas vu après ce qu'il sais passé...

Mel : eh oue

Blake : bon faites nous de la place merci bien

Cooper : oui monsieur

Ils nous font de la place et on se met assis. On passe nos commandes et parlons en attendant puis quand elles arrivent on part marcher au centre ville

Mel : alors alors vous avez des trucs à me raconter

Nessa : beaucoup trop oui

Mel : tu commence parce que jai vu t'es dans la sauce avec Jaden meuf

Nessa : je t'ai déjà expliqué sur snap idiote

Mel : oui mais pas en profondeur !

Elle regarde derrière elle

Nessa : qu'est ce que tu veux savoir ?

Mel : tout !

Nessa : bah écoute...je sais pas comment c'est arrivé je pense que c'est à force de travailler ensemble pour notre musique bah voilà quoi

Mel : hum

Nessa : tu m'en veux aussi toi ?

Mel : nan bien sûr que non ! Les sentiments se contrôlent pas Ness si t'es heureuse avec lui je peux pas t'en vouloir. Regarde Josh aussi est heureux pour toi

Nessa : oue

Mel : et puis tu sais qu'on est et qu'on serra tous toujours là pour toi hein Sab

Sab : oui oui

Nessa : bah bien sûr *lève les yeux au ciel*

Sab : t'insinue quoi la ?

Nessa : tu sais très bien ce que j'insinue

Sab : non

Nessa : t'a plus était là pour Mads que pour moi

Sab : elle était triste Ness

Nessa : parce que moi je le suis pas peut être ?!

Mel : les-

Sab : beaucoup moins je pense

Nessa : c'est une blague ? Après t'ose dire que t'es ma meilleure amie ?!

Sab : c'est son ex ! Elle l'aime

Nessa : nan mais c'est vrai je me tape le meilleur ami de mon ex et l'ex de mon ex meilleure amie donc forcément je suis pas triste !

Sab : bah...

Nessa : qu'est ce que tu peux en savoir hein ? J'ai essayé de t'appeler tu refouler mes appels mes messages j'étais mal et ta même pas était là pour moi putain !

Ses yeux se remplissent de larmes

Mel : Ness...

AMOUR

Nessa : laisse tombé Mel j'en ai marre

Elle part énervée

***

Mel : putain Sab t'abuse !

Sab : mais quoi ! Je voulais pas la blesser !

Elle part vers les gars qui sont derrière nous

Mel : arggg

Je coure rejoindre Nessa qui était un peu plus loin

Mel : Nessa attend moi

Nessa :...

Mel : he...pleure pas

Nessa : j'en ai marre Mel tout le monde est contre moi *snif*

Mel : mais non je suis pas contre toi moi Josh non plus Cooper non plus et encore pleins d'autres

Nessa : je me reçois de la haine de partout encore plus qu'avant...des messages de morts

Elle se remet à pleurer alors je la prend dans mes bras et essaye de la consoler.

Après 10 minute Sabrina viens vers nous

Sab : Nessa...

Nessa : quoi ?!

Sab : je suis désolé je voulais pas te faire pleurer vraiment pas

Nessa : cool

Mel : je vous laisse

Je part vite en direction des garçons qui sont assis sur un banc un peu plus loins

Blake : euhh qu'est ce qu'il se passe ?

Mel : rien vous inquiétez pas

Josh : elles se sont prise la tête à cause Mads pas vrai ?

Mel : oue comment tu sais ?

Payton : hier elles se sont engueuler sur le groupe

Mel : quel groupe ?

Noah : un groupe insta

Mel : et je suis pas dedans ?

Cooper : bah nan la preuve

Mel : sympas

Bryce : rohh ça va on te rajoutera dedans si tu veux

Mel : oue oue et du coup pourquoi elles se sont engueuler

Noah : attend je te montre la conv

Il me montre la conv ou Nessa lance un petit pique à Sab en lui demandant si elle viens aujourd'hui ou si elle est trop occuper. Sab répond quel sais pas et Nessa dit comme d'habitude, et de la tout part en embrouille elle se lance des piques s'insultent et puis comme à son habitude Payton fait l'entremetteur et essaye d'arranger les choses.

Mel : Payton qui essaye d'arranger les choses et qui se prend tout dans la gueule jpp

Payton : arrête c'est pas drôle wsh on me maltraite dans ce groupe

Blake : c'est toi qui nous maltraite oue

Payton : pfff mensonge

Mel : même moi j'y crois pas

Il fais mine de bouder ce qui nous fait rire. On fais des tiktok en attendant que les filles finissent de parler, Payton boude toujours alors je le fais chier pour qu'il arrête.

Payton : t'es chiante Mel

Mel : arrête de bouder rohh

Payton : mais j'arrête c'est bon

Mel : super !

Bryce : ah bah enfin ! Sa fais 30ans qu'on vous attend

Je tourne la tête et vois les filles

Mel : ah ça a l'air d'aller mieux

Nessa : oui c'est réglé

Noah : super ! On peut aller à la plage maintenant

Mel : hein ?

Blake : oups

Sab : quoi ?

Mel : il a oublié de me prévenir qu'on allait à la plage !

Josh : ohlala

Blake : oui bah pardon hein

Nessa : y'a un magasin de maillot de bain la bah

Mel : ah oui bah j'y vais attendez moi la

Sab : je viens avec toi !

Nessa : moi aussi !

Cooper : prenez pas votre temps merci

Mel : oui oui

On part vite au magasin ou je m'achète un maillot de bain et l'enfile en dessous de ma robe

***

? : Mel !!

Mel : qu-

Je me reçois le ballon en plein dans la gueule

Mel : Bryce !!

Bryce : pardon...*rigole*

Mel : c'est pas drôle arrête de rigoler imbécile !

Bryce : he ! C'est pas gentil sa

Mel : tu ma envoyé le ballon dans la gueule tu crois que c'est gentil sa peut être ?

Bryce : gnagnagna tu fais trop la star !

Mel : peut être parce que j'en suis une ?

Bryce : oui d'accord...bon aller passe moi le ballon merci

Mel : tiens *je lui lance*

Bryce : merci le sang !!

Il repart en courant vers la plage continuer à jouer avec les gars.

4

Ella <3 T'aurais pus m'appeler pour me dire que t'était arrivé au moins non ?

MelT'es même pas venue me dire au revoir

Ella <3 C'est pas une raison ! VuDésolé

MelC'est pas grave Désolé de pas t'avoir appelée

Ella <3 T'inquiète Tu me manque :(

MelMoi aussi chat <3

Encore une dispute réglé en 2sec...

***

Aujourd'hui je sort en ville avec les filles, on se rejoins au Starbucks

Sab : hey !

Mel : hello ! Ça va ?

Nessa : ça va

Sab : ça va aussi et toi ?

Mel : ça va merci, alors on a prévus quoi pour aujourd'hui ?

Sab : shopping manucure photo

Nessa : sans oublier la bouffe

Mel : jamais *rigole*

On part donc en direction du premier magasin tout en parlant.

***

La matinée est passée, on viens de se poser au Chick-Fil-A pour manger du coup.

Nessa : alors Mel toujours personne ?

Je leur ai pas dit que j'étais en couple...

Mel : si

Sab : ahhh il s'appelle comment ? c'est qui ? on veut tout savoir !

Mel : elle s'appelle comment...

Nessa : c'est une fille ?!

Mel : oui

Sab : omg ! elle s'appelle comment du coup ?

Mel : Ella

Nessa : tu peux nous montrer une photo d'elle ?

Mel : yep att

Je leur montre une photo

Sab : elle est trop belle !!

Nessa : ta de bon goût Mel

Mel : merci merci

Nessa : mais ta jamais posté de tiktok ou quoi que ce sois sur les réseaux avec elle non ?

Mel : non je préfère ne pas afficher ma relation sur les réseaux

Sab : ta bien raison

Mel : j'ai toujours raison oui

Nessa : non alors là non

Mel : ah si

Sab : les chevilles Melina ça va ?

Mel : ça va merci de t'inquiéter *rigole*

Nessa : venez on fais un tiktok !

Sab : allez !

On fais plusieurs tiktok tout en mangeant puis on retourne faire les magasins et faire nos ongles

5

L es bolos

Josh : les gars y'a une fête sur la plage ce soir on y va ??

Cooper : grave !!

Mel : a donf !

Nessa : a quel heure ?

Blake : y'a pas d'heures wsh

Bryce : bah si ducon

Blake : qu'est ce qu'il veut la tête à claque ?

Josh : 21h...

Sab : JE VIENS !!

Payton : je viens aussi

Bryce : je retiens Blake hein

Blake : d'accord

Jaden : y ce passe quoi ici ?

Mel : oh un revenant

Jaden : depuis quand elle est là elle ?

Mel : je te baise Jaden !

Cooper : Ness en susu

Nessa : ta gueule coopette

Cooper : c'était pas drôle

Noah : j'avoue

Nessa : gnagnagna

Mel : vous êtes méchants

Payton : dit-elle ?

Blake : lui il lui en veut toujours

Mel : C'ÉTAIT UN ACCIDENT !!

Payton : ME POUSSER DE LA FALAISE C'ÉTAIT UN ACCIDENT PETASSE ?!

Bryce : ouhhhhhhh Payton est pas content !!

Mel : ça va y'avait de l'eau en dessous hein

Payton : et alors ?! C'est pas une raison espèce de sorcière

Jaden : toujours dans l'abus celui la

Noah : je te jure

Payton : je quitte ce groupe c'est bon

Blake : bye le s

Payton a quitté le groupe

Sab : jpppp y'a pas à faire sa drama queen comme sa

Mel : grave jpp

*Josh a rajouté Payton au groupe Les Bolos *

Josh : il me fais de la peine...

Payton : merci Josh...sa me touche

Josh : de rien mec ! Je t'aime

Payton : moi aussi Josh !

Mel : vous avez finis ?

Payton : oui

Josh : bref ! Tout le monde viens du coup ce soir ?

Sab : ouiii

Cooper : oue

Nessa : ouii

Blake : yes

Noah : yep

Jaden : yes

Bryce : oue oue

Payton : ouii

Mel : non non je rigole je viens

Josh : c'était pas drôle mais bref...

Bryce : on se rejoins au niveau du marchand de glace

Jaden : okeee

***

Appel entrant de Ella <3

Mel : allô ?

Ella : allô...

Mel : ça va ?

J'active le mode FaceTime elle répond en pleure

Mel : bah Ella qu'est ce ta ??

Ella : qu'est ce que j'ai ?! Tu te fous de ma gueule j'espère ?!

Mel : mais...pourquoi tu me crie dessus ?!

Ella : putain Mel sa fais presque 2 semaines que tu me donne plus de nouvelle ! Depuis que t'es arrivé j'existe plus !

Mel : t'en fais pas un peu trop la ?

Ella : c'est tout ce que tu trouve à dire ?

Mel : qu'est ce que tu veux que je te dise ? Si je t'envoie pas de message ou ne t'appelle pas tu le fais pas ! Alors oui c'est tout ce que j'ai à dire

Ella : pourquoi tu remet toujours la faute sur moi ? C'est toujours moi qui fais tout mal dans notre relation toute façon hein

Mel : j'ai pas dit sa Ella...

Ella : mais tu le pense

Mel : non

Ella :....

Mel : je te laisse te calmer hein reviens me parler quand t'aura fini ta crise de nerfs d'accord ?

Ella : sérieu-

Bip Bip Bip

Je souffle et me couche sur le dos mais la porte s'ouvre en grand et Blake rentre

Mel : qu'est ce que tu veux ?

Blake : j'ai plus le droit de venir voir ma sœur préféré ?

Mel : je suis ta seule et unique sœur idiot

Blake : sympas...qu'est ce que ta ?

Mel : rien tu peux sortir de ma chambre s'il te plaît ?

Blake : non

Mel : Blake !

Blake : toujours pas non

Mel : aide moi à choisir ma tenue pour ce soir alors

Blake : ah Oue !!

Mel : je te laisse faire mais fous pas le bordel

Blake : oui chef

Il ouvre mon placard en grand et sort plusieurs tenue sur lesquelles je donne mon avis.

6

Un petit coup de gloss et de mascara, je prend un petit sac et c'est parfait !

Blake : j'ai trop bien choisi !

Mel : oui ça va

Blake : ça va ?! C'est beaucoup mieux que sa ! C'est la perfection absolue

Mel : d'accord Blake *rigole*

Blake : bon *rigole* on y va ?

Mel : yep !!

On sort en faisant attention de bien fermer la porte et partons en voiture jusqu'à la plage.

***

Mel : salut !!

Sab : ah vous êtes là

Blake : en chair et en os oui

Josh : super qui va chercher à boire ?

Mel et Payton : moiiii

Bryce : super merci les gars

Mel : de rien de rien

Payton : vous prenez quoi ?

Après qu'ils nous aient dit ce qu'ils prenaient ont part en direction du stand de boisson.

***

Pendant qu'ont fait la queue je passe en revue toute la plage quand je croise ce regard...lui...J'attrape et sert le poignet de Payton par peur

Payton : qu'est-ce qu'il y'a ?

Mel :...

Il tourne la tête dans la direction que mes yeux fixe et le vois s'approcher.

Payton : putain

Je recule toujours en tenant son poignet et en ayant les mains qui trembles ainsi que mes jambes qui manque de me lâcher.

?? : Payton ! Melina ! Je me disais bien que je vous avez reconnu

Payton : qu'est ce que tu veux ?

?? : vous dire bonjour ! Melina ! Je savais pas que t'était revenue comment tu va ?

Il avance vers moi mais Payton se met entre nous

Payton : n'essaye même pas de t'approchais d'elle !

?? : eh calme ça va !

Payton : on y va

Il me prend par la main et nous quittons la file mais d'un coup je sens une main ce poser sur mes fesses. Je me stoppe

Payton : Mel ?

Mel : il...il

A peine ai-je le temps de formuler ma phrase qu'il envoie son poing dans la face de cette ordure puis avent qu'il ai le temps de réagir me prend la main et part en marchant vite.

***

Assise sur un banc je tremble de la tête au pied la tête dans les mains, Payton accroupie en face de moi

Payton : he...Mel regarde moi...

Je le regarde le visage ruisselant de larmes

Mel : je-je veux rentrer...

Payton : d'accord...j'appelle juste ton frère ok ?

Mel : hum

Il prend son téléphone et appelle mon frère tout en caressant doucement ma main

Payton : oui euh mec on va rentrer avec ta sœur...

Payton : on la vue ...

Payton : oui lui ...

Payton : elle va bien...enfin elle est en pleure-...

Payton : je te la passe

Il me tend son téléphone que je prend toujours la main tremblante.

Mel : allô...

Blake : Melina tu va bien ?! Qu'est ce qu'il sais passé ?!

Mel : je vais bien t'inquiète pas...je-je veux juste rentrer...

Blake :...tu veux que je vienne te chercher ?

Mel : non-non...Payton va le faire amuse toi

Blake : t'es-

Mel : oui je suis sure, bisous

Je lui rend son téléphone

...

Payton : t'inquiète pas je prend bien soins d'elle ....

Payton : oui ...

Payton : t'inquiète pas amusez vous bien ...

Payton : a plus

Payton : on y va ?

Mel : hum

Je me lève et nous partons en direction de sa voiture, je regarde tout autour de moi pour voir si il ne nous a pas suivis.

Je regarde le paysage défilé mais les images ne cessent de repasser en boucle dans ma tête, je m'entend encore le supplier d'arrêter, je ressens encore sa main posé sur ma bouche m'empêchant de crier, je me rappelle de tout comme si c'était hier

***

P ayton : ton père n'est pas là ?

Mel : non...il est au restaurant avec des amis

Payton : ah ok....

J'enlève mes chaussures et me met assise sur mon lit en regardant le sol

Payton : he...tu trembles...

Je regarde mes jambes qui en effet tremblent ainsi que mes mains, Payton se rapproche de moi et me prend dans ses bras. Je le sert fort pendant qu'il me caresse doucement le dos et me glisse des mots doux.

7

Je me fais réveiller par les rayons du soleil qui traverse mon rideau, je tourne la tête et découvre son visage encore endormi. Les souvenirs de la veille me reviennent en mémoire et je ne peux pas m'empêcher de sourire...

Mel : Payton...

Payton : mhmm...

Ses mains parcourant l'entièreté de mon corps..Son souffle contre ma peau..

Mel : anhhhh..

Payton : putain...

Ses lèvres contre les miennes..Ses mains dans mes cheveux..

Payton : Mel...

Je viens de faire une belle grosse connerie, mais j'ai aimée...

***

Dad : coucou chérie ça va ?

Mel : oui ça va et toi ?

Dad : ça va ça va, tu a bien dormis ?

Mel : oui oui

Dad : super !

Des bruits de pas se font entendre dans les escaliers et Payton apparaît juste après dans la cuisine.

Dad : oh salut Payton ça va ?

Payton : ça va merci et vous monsieur ?

Dad : je t'ai déjà dit de ne pas m'appeler monsieur sa me vieillit, je suis pas si vieux que sa si ?

Mel : non pas encore

Dad : hum...enfin bref ça va merci, je savais que t'était là, vous avez passé une bonne soirée hier ?

Mel :...

Payton : euh...oue fin-

Dad : il s'est passé quelque chose ?

Je tourne la tête vers Payton qui hoche la tête de haut en bas en signe d'approbation

Mel : oui

Dab : c'est grave ? Qu'est ce qu'il s'est passé ?

Mel : tu promets de pas t'énerver ?

Dab : oui ?

Je lui raconte tout en commençant par ce qu'il sais passé il y a deux an, car oui je ne lui avais rien dit sur ce que ce garçon m'avais fait..ma mère par contre elle est au courant. Je finis par ce qu'il sais passé hier.

Dad : Melina..

Il m'a prend dans ses bras

Mel : je suis désolé papa...

Dad : non non non ne sois pas désolé ma chérie, c'est moi qui suis désolé de t'avoir laissé partir sans avoir chercher à comprendre

Mel : c'est pas grave...j'aurais dut t'en parler

Dad : ta mère est au courant ?

Mel : oui, elle a trouver une lettre où j'avais écrit dessus ce qu'il s'était passé

Dab : hum..j'imagine que ton frère est au courant ?

?? : au courant de quoi ?

Blake se tient a l'entrée de la cuisine accoudé contre le mur.

Mel : de tu sais quoi

Blake : ohhh tu lui a dit ?

Dad : oui elle me la dit

Blake : ah d'accord bah du coup oui je suis au courant

Dad : hum ok

Mel : lui en veut pas papa c'est moi qui lui ai supplié de rien dire, et aux autres aussi

Dab : j'en veux a personne chérie ne t'inquiète pas

Je lui adresse un sourire et il me fais un bisous sur le front.

***

Nessa : ta couché avec Payton ?!

Mel : oui...

Sab : oh mon dieu !

Nessa : comment c'est arrivé ?

Mel : je sais pas vraiment...c'est arrivé comme sa

Sab : mais..euh..ta aimais ?

Mel :...oui

Nessa : oh merde

Mel : oui on peut dire sa pour le coup

Sab : nan mais putain Melina ! Tu te rend compte que tu viens de tromper ta copine la !

Mel : mais oui je sais !!

Sab : pardon je voulais juste faire la meilleure amie qui donne des leçons de morales et tout

Nessa : *rigole* t'es pas net Sab

Mel : je te jure *rigole*

Sab : enfin bref...comment tu va faire maintenant ?

Mel : je sais pas...

Nessa : il est pas au courant que t'es en couple je suppose

Mel : tu suppose bien

Sab : je te conseille de lui dire et de le dire à Ella aussi

Mel : hum

8

Je suis assise dans mon lit entrain de regarder une série quand quelqu'un toque à la porte

Mel : oui ?

La porte s'ouvre et laisse apparaître Payton qui rentre dans ma chambre par la suite

Mel : oh hey

Payton : salut

Mel : tu vas bien ?

Payton : oui ça va

Il parle sèchement en ayant les sourcils froncé

Mel : euh..qu'est ce que tu fais la ?

Payton : on dois parler

Mel : ah-euh..oui

Payton : t'es en couple

Mel : qu-quoi ?

Payton : ta très bien compris ce que je viens de dire

Mel :...

Payton : putain j'arrive pas à y croire !

Mel : je suis désolée...

Payton : c'est pas envers moi que tu devrais être désolé mais envers ta copine !

Mel : comment t'es au courant déjà ?

Payton : Nessa la dit sans faire exprès à Jaden qui me l'a dit parce que je lui ai dit qu'on a couché ensemble-mais on s'en fiche c'est même pas sa le problème ! Tu lui a dit ?

Mel :...non

Il balance sa tête en arrière en passant sa main dans ses cheveux.

Mel : je suis vraiment désolée Payton..j'ai-j'ai pas pensée à ce que je faisais à ce moment...

Payton :...sa fais une semaine Mel...tu me l'aurais dit quand hein ? Et à elle tu comptais garder sa pour toi et faire comme si de rien était ?!

Mel : non non bien sur que non je-je voulais t'en parler vraiment

Payton : et pour Ella ?

Mel : je...je sais pas

Payton : écoute je te laisse jusqu'à la fin de la semaine pour lui dire sinon je le ferais moi

Mel : Payton...

Payton : a plus

Il part en refermant la porte et je me laisse tomber de dos sur mon lit.

Qu'est-ce ce que j'ai fais...

***

Mel : Blake ?

Blake : hum ?

Mel : tu fais quoi ?

Blake : rien rien

Je regarde par dessus son épaule et vois qu'il parle avec une certaine Amélie alors je saute sur le canapé à côté de lui en souriant

Mel : c'est qui Amélieeee

Blake : personne

Mel : menteur ! Tu souris quand tu lui parle

Blake : même pas vrai

Mel : oui oui allez dit moi qui sais

Blake : c'est une pote rohh

Mel : hum hum

Blake : quoi hum hum

Mel : juste une pote hein ?

Blake : oui juste une pote

Mel : mais bien sûre prend moi pour une conne

Blake : bon ta fini ?

Mel : non

Blake : *lève les yeux au ciel*

Mel : aller avoue que c'est pas juste une pote et je te laisse tranquille

Blake : ok ! C'est pas juste une pote voilà

Mel : ahhhhh j'en étais sure *rigole*

Blake : tu me laisse tranquille maintenant ?

Mel : ah non ! Maintenant je veux tout savoir *grand sourire*

Blake : argggg je vais finir par te tuer un jour Mel tu sais

Mel : d'accord raconte moi mercii

Il souffle et finis par céder alors il me raconte tout. Ils se sont rencontrés grâce à Josh depuis ils parlent sur les réseaux, ils s'appellent de temps en temps et ils doivent se voir dans deux jours. Et bien sur le meilleure pour la fin, mon frère a un petit crush sur elle. Il me montre une photo d'elle, elle est magnifique.

***

M el : salut mam's tu va bien ?

Mom : coucou ma chérie ça va et toi ?

Mel : ça va oui, alors l'île Maurice ?

Mom : oh c'est génial ! Tout est tellement beau ici, le temps est magnifique, les plages sont incroyables et je ne te parle même pas des paysages

Mel : wouahhh tu prend des photos j'espère ?

Mom : oui bien sur ! Je t'en envoie quelques unes et je te montrerais le reste quand tu rentrera d'accord ?

Mel : oui super merci

Mom : de rien, et toi alors comment ce passe les vacances chez ton père ?

Mel : elle se passe bien, je vais faire les magasins avec tout le monde la et après on va faire du jet ski !

Mom : eh bah c'est cool sa !

Mel : ouii, d'ailleurs il faut que je te dise quelque chose

Mom : dit moi

Mel : la semaine dernière on est allait à une fête sur la plage et hum...je l'ai vue...

Mom : qui sa ?

Mel : lui maman, tu sais celui qui m'a...

Mom : tu la vue ?! Il t'a fait du mal ?!

Mel : non non non il m'a rien fait enfin...il m'a touché les fesses mais Payton était là alors il lui en a mit une et on est rentré...

Mom : heureusement qu'il était là...tu va bien ?

Mel : oui je vais bien maman t'en fais pas, j'en ai parlé à papa il est au courant de tout

Mom : c'est vrai ? C'est super sa

Mel : oui je suis contente de plus avoir sa a lui cacher

On parle encore un moment puis je descend mettre mes chaussures.

Mel : Blake on y va ?!

Blake : j'arrive !

Il descend juste après les escaliers en courant et manque de tomber

Mel : *rigole*

Blake : c'est pas drôle

Mel : *rigole* si

Blake : tait toi et sort

Mel : *rigole* oui chef

9

Josh : bon qui se met avec qui ?

Bryce : je me met avec Melina !!

Mel : yesss

Sab : je me met avec Ness alors

Ness : yess girl

Tout le monde choisis avec qui il veut se mettre puis on enlève nos vêtements pour rester en maillot de bain et enfilons nos gilets de sauvetage.

Bryce : t'es prête minus ?

Mel : tgl je suis pas minus !

Bryce : bon t'es prête ou pas ?!

Mel : oui oui oui !

Bryce : alors c'est partis mon kikiiiiii

Il appuie sur l'accélérateur et on s'élance sur l'eau à toute vitesse. Les cheveux dans le vent, l'eau m'éclaboussant, le paysage et ce dauphin qui viens de sauter juste devant nous me fait réaliser de la chance d'avoir une aussi belle vie...

***

Bryce : tu veux prendre ma place ?

Mel : ah oueee

Bryce : essaye juste de pas nous tuer merci

Mel : tu me prend pour qui la ?

Bryce : hum ? La meuf qui a faillit foncer dans un fossé avec la voiture de son daron y'a 2ans ?

Mel : *rigole* je vois pas de quoi tu parle

Bryce : nan nan t'inquiète *rigole*

Je le pousse de toute mes force et prend sa place devant

Mel : byee byeee

Bryce : Mel-

J'appuie sur l'accélérateur et l'abandonne au milieu de je ne sais pas, je conduis jusqu'à trouver Nessa et Sabrina qui s'arrêtent quand elles me voie

Sab : heyyy

Nessa : alors ? C'est comment ?

Mel : trop bien !! J'adore on a vue un dauphin !

Sab : quoi ?! La chance !

Nessa : on va en trouver un aussi t'inquiète

Sab : j'espère bien oue, il est où Bryce ?

Mel : je l'ai laissé en pleins milieu de je ne sais où

Nessa : mais quoi *rigole*

Mel : il m'a saoulé

Sab : j'espère pour toi qu'il va pas se faire bouffer par un requin

Mel : omg !! On se rejoins après les grils !

J'appuie sur l'accélérateur et retourne ou j'ai laissé Bryce qui n'est plus la....Je fais le tour jusqu'à le trouver avec Jaden

Mel : Bryce !! BRYCE !!!!

Bryce : oh une grosse conasse !!

Mel : putain j'ai crus que t'était mort bouffé par un requin espèce de con !

Jaden : tu la quand même laissé au milieu de l'océan...

Bryce : j'avoue ! Espèce de sorcière !

Mel : nan mais-

Bryce : byee byeee

Ils repartent en me faisant un doigt

***

Noah : tu la laissais en pleins milieu de l'océan ?!

Mel : bien sûr que non pffff

Bryce : menteuse !

Mel : rohh ça va c'était pas vraiment en pleins milieu de l'océan hein

Jaden : une vrai sorcière

Mel : je te permet pas

Nessa : il se permet tout seul ma belle t'inquiète...

Mel : j'ai vraiment crus qu'il s'était fait bouffé par un requin par contre hein

Payton : sa aurait était bien drôle *rigole*

Bryce : eh ! Espèce de-

Payton : ça va ça va je rigole...

Sab : ou pas *rigole*

Payton : *rigole*

Blake : bande de psychopathe *rigole*

Bryce : je vous déteste !

Mel : moi aussi ! Pauvre garçon !

Bryce : je t'en veux toujours toi

Mel : j'avoue sa aurait était drôle

Cooper : *rigole* vous me fatiguez

Josh : bon *rigole* on va manger ?

Mel : oui !!

On se rhabille et partons à un fast food pas très loins

10

Dad : MELINA !!

Mel : OUI ?!

Dad : DESCEND !!

Mel : J'ARRIVE !

Je sort de ma chambre en courant en direction du salon.

Mel : qu'est- Ella ?!

Ella : surpriseeee *sourire*

J'affiche un grand sourire et la prend dans mes bras

Mel : qu'est ce que tu fais la ?

Ella : *en chuchotant* joyeux 7mois bébé

7mois...sa fais 7mois qu'on est ensemble et j'avais complètement ou
blié...

Dad : bon bah je vais vous laisser hein *clin d'œil*

Il part en nous laissant, je l'aide à monter sa valise dans ma chambre puis nous nous posons sur mon lit

Ella : tu lui a dit ?

Mel : non

Ella : je lui ai dit que t'était ma meilleure amie

Mel : mais comment sa ce fait ? Fin vous vous êtes parlé ?

Ella : oue ta mère ma mise en contact avec lui parce que je lui avais dit que je voulais te faire une surprise

Mel : oh ok

Ella : t'avais pas oublié quand même ?

Mel : *rigole nerveusement* non bien sure que non...

Ella : hum...

Elle affiche un petit sourire au coin avant de venir écraser ses lèvres contre les miennes.

Ella : sa m'avais manqué

Mel : moi aussi

Elle relie nos lèvres et accentue le baiser à mon plus grand plaisir, mais assez vite les souvenirs me reviennent alors je préfère tout arrêter.

Mel : tu reste combien de temps ?

Ella : une semaine après je part en vacances avec mes cousins et cousines

Mel : ou sa ?

Ella : a Londres

Mel : oh trop bien !

Ella : ouiii *sourie*

Mel : sa te dit qu'on aille à la plage ?

Ella : grave !

Mel : ta pris un maillot de bain j'espère ?

Ella : oui t'inquiète

Mel : super ! Je te laisse te changer ici moi je vais dans la salle de bain ok ?

Mel : sa marche

Je prend un maillot de bain dans mon armoire et part l'enfiler dans la salle de bain en mettant un short par dessus

***

Mel : fait un tour sur toi même pour voir

Elle fais un tour sur elle même

Mel : grrr t'es belle

Ella : mercii bébé

Mel : la dernière arrivé dans l'eau elle a un gage

Ella : go !!

On court jusqu'à dans l'eau et arrivons en même temps

Ella : bon *rigole*

Mel : après on va manger au restaurant ?

Ella : alors là je dit pas non !

Mel : *rigole*

On passe le reste de la fin de l'après-midi à la plage puis on rentre prendre notre douche et se changer

En descendant les escaliers je trouve Blake sortant de la cuisine avec un verre de jus, il regarde Ella avec questionnement

Mel : oh t'es la

Blake : comme tu peux le voir

Mel : je te présente Ella ma...copine-petite amie si tu veux

Il fais les gros yeux

Blake : eh bah enchantée Ella, Blake le frère de Mel mais je pense que tu le sais déjà

Ella : oui...enchanté de même

Mel : bon euh nous on va au restaurant

Blake : ok papa est au courant ?

Mel : oui

Blake : d'accord...profitez bien

Nous : merciii

Il nous sourit et monte les escaliers

***

Ella : dit ? Quand est ce que tu va me présenter à tes potes ?

Mel : oh euh...bientôt bientôt

Ella : vraiment ?

Mel : hum hum

Ella : oke...

Peut être faudrait-il déjà qu'ils sachent que je suis en couple ?...

Ella : je t'aime

Mel :...moi aussi

Pourtant...je ne le ressens pas

.

11

Ce matin je me réveille à côté d'Ella, je la regarde en souriant, c'est vrai qu'elle est belle. Des mèches de ses cheveux blonds tombent sur sa joue que je décale tout doucement. Sa peau est lisse et chaude. Je l'aime oui…mais plus comme avant et je m'en veux. Je dépose un léger bisous sur sa joue avant de me lever et de descendre dans le salon ou se trouve mon frère assis sur le canapé.

Mel : hey

Blake : salut toi, bien dormi ?

Mel : oui merci et toi ?

Blake : oui

Mel : tu fais quoi ?

Blake : oh rien je suis sur tiktok

Mel : tu parle pas à ta petite chérie

Blake : alors déjà c'est pas ma « petite chérie » et non je lui parle pas

Mel : *rigole* ça va je te taquine

Blake : ouais ouais...parlons de toi un peu non ?

Mel : hum

Blake : ta une copine tu me la même pas dit et en plus tu la ramène à la maison

Mel : c'était pas prévus elle m'a fais une surprise

Blake : oh c'est mignonnn

Mel : oui *sourie*

Blake : je le prend mal que tu m'ai rien dit

Mel : pardon...je comptais t'en parler

Blake : sa fais combien de temps ?

Mel : 7 mois

Blake : 7 mois ?!

Mel : oui oui

Blake : tu comptais m'en parler le jour du mariage ou ?

Mel : pas a ce point non

Blake : mouais

Mel : toute façon maintenant tu le sais

Blake : encore heureux, maman papa sont au courant ?

Mel : maman oui papa non

Blake : ok...tu sais quoi ?

Mel : non quoi ?

Blake : j'ai toujours sue que t'avais une attirance pour les filles

Mel : *rigole* quoi ?

Blake : nan mais je suis sérieux hein

J'incline la tête en hochant le sourcil

Blake : je sais pas pourquoi mais j'ai toujours sue que tu sortirais au moins un jour avec une fille, me demande pas pourquoi je sais pas...peut être l'instinct fraternel ?

Mel : peut être...c'est drôle parce que maman m'a dit la même chose, elle savait que j'aimais les filles avant même que je lui dise et elle m'a dit que c'était l'instinct maternel

Blake : eh bah voila *rigole* je suis pas le seul

Mel : *rigole* eh non

Blake : quel que sois la personne que t'aime tant que t'es heureuse et qu'elle te rend heureuse sa me va

Mel : mercii Blake je t'aime

Blake : moi aussi

Il me prend dans ses bras...je crois que c'est la première fois que je dis je t'aime à mon frère, on tellement une bonne relation, j'ai de la chance.

***

Ella : j'ai peur

Mel : mais non t'inquiète pas

Ella : imagine qu'ils ne m'aiment pas

Mel : il vont t'adorer !

Ella : mouais

Mel : fais moi confiance

Ella : je te fais confiance

Mel : aller viens

Ella : yep

On sort de la voiture et nous dirigeons vers chez Nessa. Je sonne et la porte s'ouvre quelque second après laissant apparaître Nessa

Nessa : salut !

Mel : heyy...je te présente Ella

Ella : salut *sourie timidement*

Nessa : saluttt contente de te rencontrer, venez entrez on attendait plus que vous

Mel : rohh j'espérais qu'on sois pas les derniers mais bon...

Nessa : *rigole* c'est pas comme si on avait l'habitude avec toi hein

Mel : non

Ella : *rigole*

On rentre dans le salon ou ce trouve tout les autres

Mel : salutttt

Eux : salutt

On se met assis avec eux

Mel : bon-euh du coup je vous présente Ella...ma copine

Ils écarquillent tous les yeux hormis les filles Jaden Payton et Blake

Cooper : eh bah enchanté Ella

Ella : *sourie* de même, je suis contente d'enfin vous rencontrer j'ai beaucoup entendu parler de vous

Bryce : en bien j'espère

Ella : oui que du bien

Josh : tout notre contraire...enfin je veux dire contraire du fait qu'on est pas entendu parler de toi souvent...même pas du tout...

Sab : euhhh tu reste combien de temps ?

Ella : oh euh une semaine

Nessa : c'est super !

12

Ella : tu leurs avais rien dit ?!

Mel : si

Ella : me ment pas

Mel : pas à tous

Ella : sa veut dire quoi sa ? Pourquoi tu la pas fais

Mel : j'allais le faire j'attendais juste le bon moment...

Ella : mais bien sur

Mel : écoute je suis désolé d'accord mais maintenant ils savent c'est tout ce qui compte

Ella : hum

Mel : en plus ils t'adore ta vue ?

Ella : oui

Mel : m'en veux pas

Ella : je t'en veux pas...je suis juste un peu déçus

Mel : désolé

Ella : c'est pas grave

Elle viens me faire un câlin puis m'embrasser tendrement. J'ai tout gâchée...

***

Pay

Payton : tu lui a toujours pas dit je suppose

Mel : non..

Payton : c'est bientôt la fin de la semaine

Mel : je sais

Payton : sa me plaît pas de faire sa Mel mais je me sens mal pour elle sans même plus la connaître

Mel : je sais et je comprend

Payton : bonne soirée

Mel : merci à toi aussi Vu

Il m'en veux même si il ne me la pas dit et je le comprend. Je ne sais pas comment je vais lui dire, quand, je n'ai absolument pas envie de lui briser le cœur je l'aime quand même....

Gurls □

Mel : les filles ?

Nessa : oui ?

Sab : c'est nous

Mel : j'ai besoin de vous

Sab : pour ?

Mel : par rapport à Ella

Nessa : dit nous tout

Mel : j'ai peur de lui dire je sais pas comment lui dire et si je le fais pas avant après demain Payton le ferra

Sab : hein ?

Mel : ah merde je vous ai pas dit

Nessa : bah non du coup

Mel : il m'a dit que si je lui disais pas avant la fin de la semaine il le ferrait lui

Sab : pas cool

Mel : oue   mais je comprend   il se sent coupable

Nessa : sois honnête avec elle

Sab : dit lui franchement

Mel : oui mais j'ai peur comment je suis censé lui dire sa moi hein ?

Nessa : tu t'es mise dans la merde toute seule débrouille toi chérie

Mel : merci Nessa super sympas la façon dont tu m'aide

Nessa : rohh ça va je rigole. Écoute plus tu prendra de temps à lui dire plus sa sera compliqué ok ? Donc vas-y cache et puis au pire si elle t'aime plus que tout elle te pardonnera sûrement nan ?

Sab : sa mettra peut être du temps mais peut être qu'au final sa ira

Mel : j'ai pas envie qu'on se remette ensemble après sa...

Nessa : pourquoi ?

Mel : je l'aime plus comme avant

Sab : oh...

Mel : je m'en suis rendue compte après avoir couché avec Payton...je l'aime mais plus comme avant c'est horrible je sais

Nessa : « les sentiments ne se contrôles pas » c'est toi même qui me la dit

Sab : elle a raison

Mel : oui...bon je vous laisse elle viens de sortir de la douche souhaitait moi bonne chance

Nessa : bonne chance !! Tu peux le faire

Sab : bonne chance !! Tu va y arriver t'inquiète pas

Mel : merci les filles <3

***

Ella : on regarde un film ?

Mel : si tu veux

Ella : je peux choisir ?

Mel : oui bien sur

Elle choisie un film d'amour qui s'appelle chemical hearts. Après l'avoir lancé sur mon ordinateur elle pose sa tête sur mes seins en mettant ma main sur ses cheveux pour lui faire des papouilles.

Mel : t'endort pas hein

Ella : mais nonnn

Mel : tu dit sa à chaque fois

Ella : oui oui maintenant tait toi et écoute le film

Mel : oui oui

Le film est plutôt pas mal, un peu déçu de la fin. Grace mérite tellement plus elle me fais de la peine...

1h après que le film sois fini j'éteins mon ordinateur et me couche avec Ella dans mes bras s'étant endormie pendant le film.

13

Assise à califourchon sur moi en ayant ses bras enroulés autour de mon cou, elle embrasse celui-ci tout en descendant ses mains pour les passer en dessous de mon t-shirt. Mes mains posés sur ses hanches dévies vers ses fesses quand elles posent ses lèvres contre les miennes, j'en trouve légèrement les lèvres pour y laisser passer sa langue jouant avec la mienne.

Mel : Ella...

Ella : chutt...

Elle remonte mon t-shirt un peu plus haut mais je la stoppe

Mel : je-je peux pas

Ella : quoi ?

Mel : je suis désolée...

Ella : je comprend pas qu'est-ce qu'il y'a ? J'ai fais quelque que chose ?

Mel : non non...c'est de ma faute

Ella : dit moi

Mel : *baisse la tête* je-j'ai fais quelque que chose de mal

Ella : qu'est ce que t'as fais ? C'est grave ?

Mel : non-enfin si...

Ella : Mel tu me fais peur dit moi

Mel : j'ai couché avec Payton...

Ella :...

Mel : Ella je-

Ella : dit moi que c'est une blague

Mel :...

Elle s'enlève de sur mes genoux et se met debout face à moi

Ella : tu-tu m'a pas fais sa hein ?

Mel :...je suis-

Ella : non ! Non ne me dit pas que t'es désolée Melina !

Mel : c'était un accident ! Je-une erreur...

Elle me regarde les larmes aux yeux

Ella : un accident ? Un accident ?! Quand ?

Mel :...

Ella : ouvre la bordel et dit moi quand c'est arrivé putain !

Mel : y'a une semaine...à peu près

Ella : une semaine...

Les larmes coulant sur ses joues me déchire le cœur...je lui ai brisé le cœur et je ne peux m'empêcher de moi aussi pleurer

Mel : je suis désolé Ella...je m'en veux sa aurait jamais dû arriver

Ella :...je vais...rentrer chez moi, c'est mieux comme sa

Mel :...

Elle quitte ma chambre me laissant moi, mes larmes et mes remords.

***

Mel : laisse moi au moins te ramener

Ella : je vais prendre un taxi pas la peine

Mel : s'il te plaît...

Ella :...

Mel : juste sa

Ella : ok

On monte dans la voiture de mon frère et partons en direction de l'aéroport, le trajet se passe en silence. Arrivées elle part enregistrer ses bagages puis arrive le moment du départ, elle allait partir mais je lui attrape le poignet avant.

Ella : Mel

Mel : écoute moi juste 2min d'accord ?

Ella : dépêche toi

Mel : je suis désolée sincèrement désolée, je m'en veux énormément sa n'aurait jamais du arriver...tu est une personne incroyable Ella je t'aime tellement et je sais que je t'ai fais du mal et je te demande encore une fois pardon, je veux juste que tu sache que je te souhaite le meilleure, tout le bonheur du monde tu mérite d'avoir quelqu'un qui t'aimera autant que tu peux aimer. J'espère que t'arrivera un jour à me pardonner et si c'est pas le cas je comprendrais. Euh...voilà

Ella : merci...

Mel : envoie moi un message quand tu est arrivée s'il te plaît..

Ella : oui

Mel : merci...

Elle m'adresse un mince sourire avant de tourner les talons et de partir.

Je me sens soulager de ne plus avoir à cacher sa, mais je me sens quand même mal malgré tout.

14

Dad : Ella n'est pas là ?

Mel : euh non...elle a dut rentrer chez elle pour un truc urg ent...

Dad : oh d'accord j'espère qu'on le reverra

Mel : hum

Je monte dans ma chambre et me couche sur mon lit.

Pay

Mel : je lui ai dit

Payton : oh ok   ca va ?

Mel : oui

Payton : désolé..

Mel : c'est pas de ta faute t'inquiète

Payton : tu veux qu'on se vois ?

Mel : non t'inquiète pas merci

Payton : oke   je suis la si ta besoin

Mel : merci Pay

Payton : de rien c'est normalVu

Gurls □

Nessa : Mel !!!

Sab : Melina est demande à l'accueil !

Mel : oui ?

Nessa : on a un léger problème...

Mel : quoi ?

Sab : t'énerve pas hein

Mel : y'a quoi ?

Nessa : tout les gars sont au courant

Mel : pour ?   Ella et moi ?

Sab : tu lui a dit ?!

Mel : oui oui mais c'est pas le sujet là

Nessa : toi et Pay

Mel : hein ?   Comment ils sont au courant ?   Mon frère est au courant aussi ?

Sab : bah enfaite Jaden a fait la boulette de la dire à Cooper et comme il pensait que tout le monde était au courant il en a parler aux autres sans savoir...

Mel : sérieusement ?! Nessa je vais te tuer c'est de ta faute t'aurait pas du le dire à Jaden

Nessa : déjà j'ai pas fais exprès hein et ensuite t'avait pas qu'à baisser ton sois disant meilleur pote et tromper ta meuf hein

Mel : mais va te faire foutre

Nessa : pauvre chou elle se sens offensée

Sab : on se calme   Mel c'est pas de ma faute à Nessa   Et puis c'est pas grave d'accord ?

Mel : bah oui c'est pas grave pour vous hein c'est pas vous qui êtes à ma place !

Nessa : mais c'est bon on est tous pote

Mel : et donc ?

Sab : bah sa dérange personne vous faites ce que vous voulez

Mel : oui d'accord

***

? : Mel je peux entrer ?

Mel : oui vas-y

Mon père entre dans ma chambre

Dad : ça va chérie ?

Mel : oui ça va et toi ?

Dad : ça va, je vais faire les magasins tu veux venir avec moi ?

Mel : ah oue grave !

Dad : je demande à ton frère ?

Mel : oui je pense qu'il voudra

Dad : je vais lui demander alors met tes chaussures en attendant

Mel : yep

Je descend mettre mes baskets puis attend que mon frère et mon père descendent.

Dad : bon ton frère est occupé on y va que tout les deux

Mel : il parle avec une fille hein

Dad : je crois, une certaine Amélie ?

Mel : ahh j'en étais sure !

Dad : dit moi en plus ma fille

Mel : *rigole* tout de suite père

***

A près avoir fait les magasins et être allé manger au restaurant nous rentrons.

Blake : ah bah enfin

Mel : quoi ?

Blake : bah je me suis ennuyais moi

Dad : t'avais qu'à venir

Blake : oui bah j'étais occupé

Dad : a parler à une fille hein *sourire au coin*

Il écarquille les yeux puis me lance un regard noir

Mel : me regarde pas comme sa *rigole*

Blake : je vais te tuer Melina

Mel : tu veux voir ce que j'ai acheté ?

Blake : oue oue c'est sa évite le sujet

Dad : *rigole*

Mel : bon je prend sa pour un oui je reviens je vais me changer pour te faire un défilé

Blake : j'attend

Je monte dans ma chambre et me change avec la première tenue que j'ai acheté puis descend et fait un défilé sous le regard de mon frère et celui de mon père

Blake : je valide

Dad : j'ai déjà validé et je re valide

Mel : super *rigole*

Je remonte et changer et redescend

Blake : je valide

Dad : je re valide

***

Après avoir fini tout les essayages de met tout à laver et redescend

Blake : Mel on dois parler

Mel : euhh oui ?

Blake : viens

Mel : oui

On monte dans sa chambre ou il se met assis sur son lit juste en face de moi

Blake : bon...je suis au courant pour toi et Payton

Mel : oue je sais...

Blake : rassure moi il t'a pas forcé ou quoi que sois ?

Mel : quoi ? Mais non bien sûr que non ! Blake c'est Payton tu le connais quand même

Blake : Marcus aussi je pensais le connaître hein

Mel :...

Blake : pardon

Mel : c'est tout ce que tu voulais me dire ?

Blake : non je voulais aussi savoir si c'était pour sa que Ella était partie ?

Mel : oui

Blake : oh... ça va ?

Mel : oui ça va t'inquiète pas

Blake : si ça va pas tu peux me le dire hein je suis là pour toi Mel

Mel : je sais Blake mais ça va t'inquiète pas

Blake : oke...bon bah je pense que c'est tout

Mel : on se fais un just dance ?

Blake : aller !

15

Mel : je vais en ville avec les filles !

Dad : d'accord rentre pas trop tard

Mel : Ouii

J'ouvre la porte et la referme derrière moi puis cours jusqu'à la voiture garé devant la maison ou se trouve Nessa a l'intérieur

Mel : coucou

Nessa : heyy ça va ?

Mel : ça va et toi ?

Nessa : ça va ça va, bon je sais pas si ta vue le message de Sab mais elle peut pas venir

Mel : ah bon ? Je l'ai pas vue mince

Nessa : elle dois aller voir Mads je crois

Mel : ah ok

Nessa : bon on y va ?

Mel : bah oui mais c'est toi qui conduis Ness *rigole*

Nessa : ah oui *rigole*

Elle démarre et nous partons en direction du centre commercial. Arrivées nous faisons quelque magasins et en profitons pour faire nos ongles, puis nous allons au Starbucks prendre une boisson et de quoi manger.

Mel : alors avec Jaden ça va ?

Nessa : oh bah oui ça va

Mel : vous l'avez déjà fait ?

Nessa : Mel !

Mel : bah quoi ? *rigole* je demande hein parce que quand t'était avec Josh tu ma rien dit

Nessa : oui bah...oui bon on la fais

Mel : *sourire au coin* il le fait bien ?

Nessa : tu veux vraiment savoir ?

Mel : bah oui

Nessa : oui il le fait bien comme un dieu même je crois que j'ai jamais autant-

Mel : d'accord d'accord c'est bon je veux pas en savoir plus...

Nessa : *rigole* bref et toi alors ?

Mel : moi ?

Nessa : oui avec Payton

Mel : avec Payton ? Bah y'a rien

Nessa : menteuseee depuis que vous avez couché ensemble vous vous tournez autour

Mel :...

Nessa : ah ah

Mel : on est juste pote

Nessa : tu me la fais pas à moi sa Mel

Mel : rohhh

Nessa : tu ressens un truc pour lui ?

Mel : je sais pas ça va beaucoup trop vite

Nessa : en quoi ça va trop vite ?

Mel : je sais pas

Nessa : t'en a envie ?

Mel : Ness

Nessa : quoi ? Sa fait exactement 4 semaines que vous vous tournez autour et je te connais

Mel : arggg je te déteste juste pour sa

Nessa : *sourire* oui je sais

Mon téléphone vibre je regarde la notif

Mel : c'est lui

Nessa : mais non

Mel : mais si

Nessa : le destin meuf !! Il a dit quoi ?

Mel : attend

Pay

Payton : hey sa te dit qu'on aille voir le couché du soleil ce soir tout les deux ?

Nessa : omggg répond répond !!!

Mel : heyy oui grave !

Payton : on se rejoins à 20h ? Le soleil ce couche 15min après

Mel : yep, je te laisse je suis avec Nessa on se vois ce soir

Payton : passée une bonne fin d'aprem à ce soir <3

Mel : mercii Pay a ce soir <3

Nessa : c'est un date tu pense ?

Mel : mais nonn rohh

Nessa : mouais

Mel : bon ta fini de manger ? On peut y aller ?

Nessa : oui madame mais avant on fais un tiktok

Mel : d'accord d'accord

***

Mel : papa je peux aller voir le couché du soleil sur la plage avec Payton ?

Blake : ouuuu

Mel : tait toi rohh

Dad : oui bien sûr mais rentre pas trop tard et demande à Payton de te ramener d'accord ?

Mel : Ouii t'inquiète merciii

Dad : de rien chérie

Blake : profitez bien hein *sourire au coin*

Mel : Blake t'es chiant !

Blake : oui oui c'est sa aller dégage

Mel : nan mais je rêve

Je sort de chez moi et part en direction de ma plage qui n'est qu'à 10min à pied. Arrivée je vais à l'endroit où nous nous sommes donné rendez-vous.

Mel : bouh

Payton : *sursaute* Mel !

Mel : *rigole* je t'avais dit que je t'aurais un jour

Payton : gnagnagna très drôle

Mel : *rigole* ça va ?

Payton : ça va et toi ?

Mel : ouii on se met assis sur le rocher ou sur le sable ?

Payton : comme tu veux

Mel : sur le sable ?

Payton : aller

J'enlève mes chaussures et nous partons sur le sable proche de la mer.

Mel : c'est beau

Payton : et calme

Mel : paisible aussi

Payton : oui

On se regarde en souriant puis je pose ma tête sur son épaule et lui son bras autour de mon cou en enlaçant nos mains.

Mel : j'ai pas envie de repartir

Payton : tu repart quand ?

Mel : dans 3 semaines

Payton : oh bah ça va on a encore le temps de faire pleins de choses

Mel : aller à la fête foraine !

Payton : *rigole* oui si tu veux

Mel : faire de la plongée !

Payton : tu sais que Cooper a peur des fonds marins ?

Mel : c'est pas grave je le regarderais paniquer

Payton : t'es sadique tu sais sa ?

Mel : oui on me le dit souvent

Payton : *rigole* c'est pas normal sa

Mel : non sais vrai mais bon...

Payton : qu'est ce que tu va faire à la rentrée ?

Mel : une école d'architecture et toi ?

Payton : je sais pas vraiment en faite

Mel : tu veux pas faire un truc dans la musique ?

Payton : oue...je sais pas

Mel : tu sais pas quoi ?

Payton : si je vais y arriver

Mel : *je relève la tête* bien sûr que si tu va y arriver Payton !

Payton : je suis pas aussi sur que toi tu sais

Mel : tu sais pourquoi j'en suis aussi sûre ?

Payton : non pourquoi ?

Mel : parce que je te connais et quand tu a une idée en tête tu lâche jamais rien

Payton : je savais pas que tu me connaissais aussi bien

Mel : il y'a beaucoup de chose que tu ne sais pas alors *sourie*

16

Dansant sur le sable, il me fais tourner au rythme de la musique, son sourire fait le mien. Quand la musique s'arrête, il pose ses mains sur mes hanches et me rapproche de lui.

Mel : merci

Payton : merci pour ?

Mel : pour tout

Payton : de rien...c'est normal après tout, j'aime te voir heureuse

Mel : *sourie* c'est gentil

Payton : *sourie*

Son regard rencontre le mien et ne se détache plus jusqu'à ce qu'il décide de poser ses douces lèvres contre les miennes. Après ce moment court, mais qui pour moi a duré une éternité, nous nous séparons en affichant tout les deux un grand sourire.

Payton : je te ramène ?

Mel : avec plaisir

***

Payton : et voilà mademoiselle

Mel : merci beaucoup

Payton : c'est normal t'inquiète pas

Mel : *sourie* tu m'enverra les photos qu'on a faites ?

Payton : ouii

Mel : mercii

Payton : *sourie* bon..on se voit demain avec les autres ?

Mel : yep

Payton : super ! A demain alors

Mel : a demain ! Oh est envoie moi un message quand tu est chez toi ok ?

Payton : oui chef

Mel : *rigole* mercii

Il me fais un petit smack avant de partir et me laissant seule sur le seuil de la porte un grand sourire au lèvre.

?? : tu compte rentrer ou t'attend le déluge ?

Je sursaute et lève la tête pour apercevoir Blake accoudé sur le rebord de la fenêtre un rictus au coins des lèvres.

Mel : mais ? Tu fous quoi ici ? Tu m'espionne ?

Blake : peut être

Mel : tu me saoule !

Blake : oui allez rentre

Mel : hum

***

Blake : Mel bouge on est en retard !! Tu fais chier

Mel : mais ta gueule j'arrive c'est bon

Dad : eh oh votre langage !

Je descend les escaliers en vitesse et met mes chaussures

Blake : enfin

Mel : oui bah ça va rohh

Blake : aller viens

Mel : oui oui

Dad : déjà que je me sens délaissé en plus vous me dites même pas au revoir

Blake : je te promet qu'on va faire un truc tout les trois !

Mel : oui

Dad : aller bonne soirée à demain

Nous : a demain !

Nous montons dans la voiture et partons chez Bryce. Arrivés je sonne et celui-ci nous ouvre.

Bryce : vous en avez mit du temps

Blake : demande à celle-là pourquoi hein

Mel : tu saoule hein

Bryce : oula t'es pas d'humeur toi

Mel : non donc si tu pouvais nous laissez passer sa serait super merci

Bryce : oui pardon madame

Il se décale et nous laisse rentrer puis referme la porte.

Blake : salut les gars

Eux : salut !

Sab : on attendait plus que vous

Blake : oui bah-

Mel : ferme la si c'est pour encore dire que c'est de me faute

Jaden : oula

Bryce : oui elle est un peu sur les nerfs attention à pas qu'elle vous morde

Nessa : *rigole* tu va t'en prendre une toi

Mel : toi aussi si tu continue de rigoler

Nessa : *lève les mains* pardon excusez-moi votre altesse

Payton : j'ai faim on peut manger ?

Tout le monde le regarde puis explose de dire y compris moi malgré ma mauvaise humeur.

Payton : bah quoi...j'ai faim moi

Josh : *rigole* il me fatigue

Bryce : on va manger oui *rigole*

17

C ooper : on va à la piscine ?

Noah : on se fais un bain de nuit !

Blake : aller !

Bryce : mettez tous vos maillots !!

Tout le monde part mettre son maillot, je me retrouve dans la salle de bain avec les filles.

Sab : tu met pas ton maillot Mel ?

Mel : j'ai mes règles

Nessa : ah merde

Mel : oue c'est pas grave je tremperai juste mes pieds

Sab : met un tampon au pire j'en ai dans mon sac si tu veux

Mel : oh grand jamais je mettrais de tampon !

Nessa : bah pourquoi ?

Mel : j'ai pas envie je préfère mettre des serviettes

Sab : bon...comme tu voudras, tu peux m'aider à faire le noeud de mon haut merci

Mel : yep...oh et au faite je vous ai pas dit pour hier

Sab : de quoi ?

Nessa : elle est allée sur la plage voir le couché du soleil avec Payton

Sab : ah oue ?

Mel : oui et en bref on a dansé sur la plage avec de la musique et on s'est embrassé

Sab : mais non !!!!

Nessa : oh purée c'est pas vrai !

Mel : eh si et puis après m'avoir ramené juste avant de partir il m'a fais un petit smack

Nessa : ohh mon dieuuuu

Sab : c'est trop mignon

Nessa : ta aimé ?

Mel : et comment

Sab : ouuuuu

Mel : j'espère qu'il va se passer des trucs ce soir...

Nessa : *sourire au coin* t'inquiète pas pour sa chérie

Sab : on gère *clin d'œil*

Mel : *sourie* aller venez on y va

Nessa : allons-y mesdames

***

Payton : tu te baigne pas madame ronchonneuse ?

Mel : non j'ai mes- attend tu ma appelé comment la ?

Payton : madame ronchonneuse

Mel :...

Payton : quoi t'aimes pas ?

Mel : alors non absolument pas non

Payton : tu préfère quoi : madame sourire ? Madame la rigolote ? Madame-

Mel : madame sa suffira

Payton : ok...alors pourquoi madame ne se baigne tel pas ?

Mel : madame a ses règles

Payton : oh quel dommage...

Mel : c'est vrai...

Payton : *rigole* tu veux que je reste avec toi ?

Mel : nann c'est bon vas t'amuser *sourie*

Payton : d'accord...mais je reviens dans moins de dix minutes alors

Mel : je t'attend

Payton : parfait ! A tout de suite madame

Mel : *sourie*

Il repart en nageant après m'avoir fait un clin d'œil qui ne peut que me faire sourire comme une enfant.

Jaden : c'est Payton qui te fait sourire comme sa ?

Mel : quoi ? Non absolument pas pfff

Jaden : mais bien sûr

Mel : il m'a juste fait une blague

Jaden : hum hum

Mel : bon ta finis de m'embêter ? Vas embêter ta meuf la

Jaden : rohh mais t'es pas très cool aujourd'hui

Mel : ferme ta gueule merci

Jaden : t'es méchante toi

Mel : c'est toi tu me saoule

Jaden : je m'en vais alors

Mel : oui

Jaden : ok

Il part en me faisant un doigt. 10min après Payton qui faisait le tour de la piscine saute jusqu'à à côté de moi et m'éclabousse.

Mel : Payton !!

Payton : oups

Mel : je suis trempé !!

Payton : ça va c'est pas comme si tu l'étais jamais hein *sourire au coin*

Mel : enlève moi tout de suite ce sourire ou je te fais bouffer le murer

Payton : t'es pas très cool quand ta tes règles tu sais ?

Mel : arrête je vais pleurer

Payton : toujours dans l'abus

Mel : même pas t'essaye de me réconforter

Payton : mohh pauvre chou viens je te fais un câlin

Mel : nan t'es tout mouillé

Il lève les yeux au ciel mais sort quand même pour venir me faire un câlin et me mouiller encore plus que je l'étais.

Payton : avant que tu t'énerve je te trouve super belle dans cette tenue *sourie*

Mel : dégage

Payton : mais-

Mel : dégage ou je pousse

Payton : t'es méchante

Mel : mais tu m'aime quand même

Payton : *rigole* qui a dit sa ?

Mel : toi

Payton : quand ?

Mel : tu veux vraiment que je te remémore les souvenirs ? « je t'aime vraiment bien Melina tu sais et-

Payton : non c'est bon merci, mais pour ma défense j'étais bourré

Mel : ah donc tu m'aime pas si c'est ce que je comprend bien ?

Payton : J'ai pas dit sa

Mel : j'espère bien pour toi

On se sourie mutuellement sans se lâcher des yeux

?? : eh Payton viens jouer au lieu de draguer ma sœur !!

Payton : j'arrive j'arrive

Mel : *rigole* aller oust

Payton : je le prend mal le fait que tu me dégage comme sa

Mel : pauvre chou

Il fais un tête de chien battu alors je lui fais un petit bisous avant de le pousser dans l'eau.

Payton : tu t'était vraiment bien rattrapé...

Mel : oui aller vas-y avant que mon frère vienne te chercher de lui même

Payton : j'y vais j'y vais

Il repart toujours en nageant vers les autres qui l'attende pour faire une partie de je ne sais quoi.

Mel : je peux faire l'arbitre ou je dois vous surveiller comme une mère ?

Josh : fait l'arbitre oue

Mel : t'insinue que je suis pas une bonne mère qui surveille ses enfants ?

Josh : j'ai rien insinué tu te fais des idées

Mel : mouais

Nessa : bon viens

Mel : j'arrive j'arrive

18

M el : la n'est pas la question Payton !

Payton : alors quoi ? Tu va continuer à me faire espérer jusqu'à ce que tu partes puis tu va me laisser sans nouvelle jusqu'à revenir et faire comme si de rien était ?

Mel :...

Payton : c'est bien ce que je me disais

Mel : Payton...

Payton : je pensais vraiment qu'il -

Mel : écoute-

Payton : se passait-

Mel : Payton écoute-

Payton : quelque chose mais-

Mel : je t'aime ! Je-je t'aime...

Payton :...tu m'aime ?

Mel : oui

Payton : je comprend pas Mel...

Mel : je sais...j'ai juste peur d'accord ? Tu connais la Melina forte qui montre jamais ses sentiments toujours sûre d'elle, mais il y'a une partie de cette fille qui a peur de tout...de tout gâcher

Payton : tu préfère passer à côté de quelque chose comme sa parce que tu a peur ?

Mel : non...je veux pas tout gâcher c'est tout

Payton : ok

Mel : ok ? C'est tout ce que ta a dire ?

Payton : qu'est ce que tu veux que je dise ?

Mel : tu m'en veux ?

Payton : laisse tomber Mel

Mel : je suis désolée

Payton : c'est bien pour toi

Il part mais je le suis et lui attrape le bras pour qu'il s'arrête

Mel : tu va pas m'en vouloir pour sa quand même ? J'aime pas quand tu me parle plus...

Payton : oue et bah écoute tu va t'y faire

Je le regarde tristement et ne peux que le laisser partir. J'ai tout gâché...encore une fois

***

P^{ay}

Mel : je suis désolée VuMel : je sais que tu m'en veux et je comprend VuMel : arrête de me lâcher des vus VuMel : s'il te plaîtVuMel : on peut parler s'il te plaît ? VuMel : d'accord j'ai merdé je sais je suis désolé je voulais pas que sa ce passe comme sa et je m'en veuxVuMel : Payton steplaitVuMel : tu veux vraiment qu'on arrête de se parler pour sa ? VuMel : qu'est ce que tu veux que je dise ? Que j'ai envie qu'on sortent ensemble ? Oui j'en ai envie. Que je suis désolé ? Je le suis pour la millième fois. Je t'aime purée Payton je suis désolé d'accord je suis bête c'est tout j'ai peur je veux pas tout gâcher. Je suis désolée vraiment...VuMel : ok   j'ai compris

Payton : t'es sérieuse ?

Mel : je l'ai jamais autant été

Payton : je suis devant chez toi

Mel : hein ?

Payton : descend et ouvre la porte fin fais un truc quoi

Mel : j'arrive j'arrive

J'enfile un pull car il fais quand même un peu frais dehors mais je l'enlève au dernier moment. J'ai ma petit idée, je descend en silence et enfile mes chaussures avant de sortir en faisant bien attention à prendre mes clefs. En effet monsieur se trouve adossée contre la grille du portail, il relève la tête et sourie quand il me vois.

Mel : hey...

Payton : hey...

Mel : hum...qu'est ce que tu fais la ?

Payton : je marchais et je suis arrivé jusqu'ici

Mel : oh ok...

Payton : tu le pensais vraiment tout ce que ta dit ?

Mel : bien sûr

Payton : du jour au lendemain t'es devenue froide avec moi c'est limite si tu me calculé je l'ai mal pris tu sais

Mel : je sais et-

Payton : laisse moi finir. Tu le savais ce que je ressentais pour toi et tu ma dit que c'était réciproque-enfin non tu me la pas vivement dit mais tu me la fais comprendre et j'ai pas imaginé n'importe quoi pas vrai ?

Mel : non...

Payton : alors pourquoi ? Pourquoi explique moi

Mel : j'avais peur d'accord je voulais pas tout gâché je te l'ai déjà dit

Payton : la vérité

Mel : c'est la vérité !

Payton : non ! Ne me ment pas purée Melina j'essaye juste de comprendre ! C'est de ma faute c'est sa ? J'ai fais quelque chose de mal ?

Mel : mais non bien sûr que non t'a rien fait

Payton : alors dit moi

Mel : j'ai peur de mes sentiments ! J'ai peur de-de te faire du mal, de me faire du mal ! De me lasser ou je sais pas quoi. On a toujours eu une superbe amitié j'ai pas envie de tout gâché...

Payton : tu veux qu'on reste amis ? De simple amis ?

Mel : non j'ai envie qu'on sois plus que des amis

Payton : alors soyons plus que dès amis, j'en sais rien si nous deux sa marchera si sa va rien gâché j'en sais rien du tout mais pour le moment je m'en fiche complètement...tout ce que je veux c'est être avec toi...

Est ce que la peur m'empêchera telle de vivre la chose que j'attend depuis un moment maintenant ? Me prendra telle la seule chose dont je ne désire qu'actuellement ? Avoir peur parfois peut avoir des bons cotés, cela nous pousse à nous dépasser et faire ce que nous n'aurions pas fais en temps normal.

Alors non, je ne recule pas aujourd'hui mais j'avance, j'avance face
a lui et avant même qu'il est puis réaliser ce qu'il se passe j'écrase
mes lèvres contre les siennes. Un baiser tel que celui-ci vaut plus que
toutes les peurs du monde réunis...

19

Cooper : il est hors de question que j'y aille !

Noah : aller Coop steplait !!

Cooper : non non non non !

Actuellement on essaye de convaincre Cooper de faire de la plonger sous-marine avec nous, mais il a tellement peur des fonds marins qu'il refuse.

Jaden : on te promet qu'après on ferra tout ce que tu veux !

Mel : j'ai jamais signé pour sa moi

Nessa : tait toi !

Mel : pardon

Sabrina chuchote quelque chose dans l'oreille à Cooper et son visage s'illumine direct.

Cooper : ok....on y va quand ?!

Sab : *sourie* maintenant

Bryce : qu'est ce qu'elle t'a dit pour que tu change d'avis comme sa ?

Cooper : crois moi Bryce tu voudrais pas savoir

Bryce : oh seigneur !

Payton : *rigole* Sab je te pensais pas comme sa

Sab : dites moi merci non ?

Mel : c'est pas ma meilleure amie pour rien elle *sourie*

Josh : on y va ?

Cooper : oui !

Blake : elle a dit lui promette des choses de ouf hein *rigole*

Bryce : beurk

Mel : fait pas l'innocent toi

Il fais mine de rien et part je ne sais où

***

Le moniteur nous fais enfiler la tenue complète pour plonger puis après être arrivés dans un petit endroit calme nous plongeons.

L'eau est magnifique, il y a de nombreux poissons tous aussi beau les uns que les autres.

Je m'amuse à faire peur Cooper en me mettant à chaque fois derrière lui puis en posant mes mains sur ses épaules.

***

Mel : Sab ?

Sab : oui ?

Nessa : viens deux secondes

Sab : euh oue

Ont s'éloignent des autres

Sab : qu'est ce qu'il y'a ?

Mel : Nessa et moi on a l'impression que t'es un peu froide avec nous

Sab : ah

Nessa : y'a quelque chose ?

Sab : c'est juste que j'ai l'impression que vous vous dites beaucoup de choses et me laissez de côté...

Mel : oh non Sab on est désolées

Sab : c'est pas grave vous inquiétez pas

Nessa : nan vraiment on s'en étaient pas rendus compte on a jamais voulus te laisser de côté on est désolées

Sab : eh c'est pas grave je vous en veux pas d'accord

Mel : t'aurais dut nous le dire

Sab : je voulais juste pas faire d'embrouille

Nessa : mais non sa aurait pas fais des embrouilles t'inquiète

Sab : oui bah tant pis

Mel : c'est réglé ? Tu nous en veux pas hein

Sab : non je vous en veux pas mais dites moi aussi les choses s'il vous plaît c'est nul de tout savoir en dernière

Nessa : promis

Mel : promis

Sab : merci les filles

Mel : c'est normal t'inquiète

Ont se sourient puis on engage la discussion sur ce qu'on a pensé de l'activité qu'on a faite avant, découverte des fonds marins. D'un coup je sens quelque chose me toucher le pied alors je me met à paniquer et bouger mes pieds partout ce qui éclabousse les filles

Mel : ahhhh putain de merde

Nessa : mais c'est ton mec purée t'es conne toi

Je me retourne et vois Payton entrain de rigoler

Mel : je vais te tuer

Payton : *rigole* ta réaction était hilarant mon dieu

Sab : elle a paniqué j'ai jamais vue sa *rigole*

Mel : c'est pas drôle j'ai eu peur hein

Payton : tu veux un câlin peut être

Mel : oui

Il s'approche de moi et me prend dans ses bras, j'enroule mes jambes autour de ses hanches et mes bras autour de son cou.

Nessa : bon on va vous laisser hein...

Sab : oue je veux pas trop les voir faire des gosses...

Payton affiche un petit sourire au coin avant de poser ses mains sur mes fesses et de m'embrasser. Il recule dans l'eau toujours en me tenant et en m'embrassant, nos langues s'entremêlent ainsi que mes doigts avec ses cheveux. Il descend ses baisser dans mon cou et se met à suçoter ma peau, ma tête se penche en arrière, puis il relève la tête et affiche un sourire satisfait.

Mel : t'es content hein

Payton : hum oui

Mel : *rigole* idiot va

Payton : je vais te soulever tu va voir si je suis un idiot oue

Mel : soulève moi sa me dérange pas *sourire au coin*

Payton : joue pas à sa avec moi mademoiselle Gray

Mel : sinon quoi ?

Payton : tu verra de toi même

Mel : oue oue c'est sa

Il se laisse couler et m'emporte avec lui. Je reviens à la surface et tourne sur moi même pour trouver monsieur.

Mel : Payton ?

Je regarde l'eau pour voir si il n'y a pas d'ombre ou quoi que ce sois mais non

Mel : Payton t'es où ?

Je met ma tête sous l'eau en ouvrant les yeux et je le vois face à moi. Je cris et avale de l'eau et m'étouffe en remontant à la surface.

Payton : *rigole*

Mel : je suis *tousse* entrain de crever et tu *tousse* rigole ?!

Payton : toujours dans l'abus hein

Mel : tu fais chier !

Je l'éclabousse et part vite mais il m'attrape par la jambe et me fais couler pour la millième fois depuis le début de l'après-midi

Payton : je fais chier hein *rigole*

Mel : pfff tu mérite même pas mon amour

Payton : ah oue carrément *rigole*

Mel : oui *sourie*

Payton : aller monte sur mon dos on rejoins les autres

Mel : yes

Je monte sur son dos et il nage vers les autres qui sont entrain de faire des tiktok. Arrivés à leur hauteur on prend nos téléphones et faisons aussi des tiktok.

L'après-midi est passé, on s'est tous beaucoup amusés. Maintenant je me prépare pour aller au restaurant avec mon père mon frère et Amélie la copine de Blake, elle va rencontrer mon père. Moi je l'ai déjà rencontré elle est super sympas.

J'envoie une photo de ma tenue à Pay pour lui demander son avis

Pay

Payton : t'es trop belle <3

Mel : merci monsieur <3

Payton : mais de rien madame ;)

Mel : Vu

Dad : Melina on y va ton frère va nous attendre sinon

Mel : oui oui j'arrive

Je descends et enfile ma veste puis prend mon sac.

Mel : c'est bon

Dad : aller on y va

Il ouvre la porte en me laissant passer puis sort et la referme.

Dad : tu conduis ?

Mel : ah oue ! Maman me laisse jamais conduire elle a trop peur à chaque fois

Dad : ah ta mère elle changera jamais hein, elle me laissais jamais conduire non plus

Mel : pourtant on conduis pas si mal que sa *rigole*

Dad : c'est vrai *rigole*

Je me met côté conducteur et démarre la voiture, contrairement à certaines personnes j'adore conduire, dès que j'ai put passer mon code et mon permis je l'ai fais et j'ai tout réussie du premier coup.

***

Mel : salutt

Amélie : salut ma belle ça va ?

Mel : ça va et toi ?

Amélie : ça va merci, bonjour monsieur

Dad : ohh les jeunes arrêter de m'appeler monsieur je suis pas si vieux que sa si ? *rigole*

Amélie : nan nan du tout pardon

Dad : c'est pas grave t'inquiète pas

Blake : on a déjà commandé les boissons, Mel je t'ai pris un ice tea et papa un coca

Mel : tu gère

Dad : parfait merci

Blake : de rien

Je regarde la carte pendant que mon père apprend à connaître Amélie. J'hésite entre un hamburger et des pâtes bolognaise.

Mel : Blake 1 ou 2

Blake : euh 2

Mel : super merci

Blake : sa tombe sur quoi ?

Mel : pâtes bolognaises

Blake : et le 1 c'était quoi ?

Mel : un hamburger

Blake : okeee

Mel : et toi tu prend quoi ?

Blake : un hamburger

Mel : miam

**

M el : bonbons ?

  Nessa : bon

Mel : boissons ?

Sab : bon

Mel : popcorn bon, couettes et coussins ?

Nessa : bon

Mel : ordinateur ?

Sab : bon

Mel : on a tout ?

Nessa : oui c'est bon

Mel : super on y va

Sab : aller !

Ont a prévue de faire une soirée pyjama dans le trampoline de Sabrina. Ont prend toutes les affaires dont nous avons besoin puis on part dedans.

Sab : on met quoi ?

Nessa : euhh

Mel : le nouveau film sur Amazon prime vidéo ?

Sab : c'est quoi ?

Nessa : The Tomorrow War ?

Mel : exact

Sab : ahh oui j'ai vue la bande annonce sa a l'air bien

Mel : c'est partie alors !

On prépare tout dans le trampoline puis nous mettons le film en marche.

***

Sab : alors avec vos copain ?!

Nessa : bah écoute ça va hein et toi

Sab : moi ça va super aussi et toi Mel ?

Mel : ça va ça va

Nessa : on dirais des grands mères de 90ans c'est nul

Sab : *rigole* je te jure

Mel : vous savez que je repart la semaine prochaine déjà

Nessa : déjà ?!

Sab : purée c'est passé trop vite !

Mel : ouais...j'ai pas envie de partir

Nessa : tu va nous manquer

Sab : comme chaque année

Mel : oui, Nessa tu compte toujours te lancer dans la musique ?

Nessa : oui oui, je suis entrain d'écrire une chanson la

Sab : vraiment ? Elle s'appelle comment ?

Nessa : ah ah tu verra quand elle sortira

Mel : j'ai hâte ! Ta une voix magnifique, tu chante super bien tu mérite d'y arriver

Sab : ouais elle a raison je suis sure que tu va réussir toute façon et puis nous on sera là

Nessa : merci les filles *sourie*

***

Je suis couché dans mon lit accompagné de Payton, je fais défiler mes pour toi sur tiktok, quand monsieur me prend le téléphone des mains.

Mel : eh !

Payton : je m'ennuie

Mel : et donc ? Rend mon téléphone

Payton : non

Mel : Payton !

Payton : non

Mel : aller fait pas chier rend le moi

Payton : non

Mel : *souffle* s'il te plaît Pay

Payton : hum

Mel : aller s'il te plaît *sourie*

Payton : pfff bon aller tiens *il me le tend*

Mel : merciii

Je récupère mon téléphone et continue ce que je faisais. Payton pose sa tête sur mes jambes et joue avec le bas de mon t-shirt, il fais glisser ses mains à l'intérieur pour arriver jusqu'à mon soutif-ah non c'est vrai j'en porte pas...

Mel : qu'est ce que tu fous ?

Payton : Madame n'a pas mit de soutif *sourire au coin*

Mel : arrête sa

Payton : arrêter quoi ?

Il embrasse mon ventre et monte de plus en plus en laissant quelques petites traces violettes.

Mel : Pay-

Payton : chutt...

Il prend mon téléphone et le lance derrière lui

Mel : mon tel-

Payton : tait toi ou je te fais taire

Mel :...

En quelques minutes je me retrouve sans haut, lui au dessus de moi sans haut non plus. Nos bouches se rencontrent et nos langues s'entremêlent, il redescend ses baisers dans mon cou jusqu'à arriver au dessus de mon pantalon qu'il enlève en un rien de temps.

Mel : mhmm...

Il fais glisser deux de ses doigts en moi et rajoute sa langue juste après. Mes jouissement emplissent la chambre quand il entre en moi, ses vas et viens ne sont ni rapide ni trop lent. Ils sont juste parfait

Payton : putain....

Mel : annhhh

Je prend le relais et me met au dessus de lui et fais des vas et viens pendant qu'il me tiens les hanches. Nos regards ne se détachent pas, le sien est plein de désire et d'excitation. Tout comme le mien.

Payton : je t'aime...

Mel :...je t'aime aussi

Nos respirations saccadées, s'accordant finissent par ralentir. Et après cette bonne partie de jambes en lair on s'endort, sa tête sur ma poitrine et ma main jouant avec ses cheveux.

***

Bryce : le dernier dans l'eau a un gage !!!

Tout le monde se met à courir vers l'eau, j'arrive la première avec Bryce alors on se tape dans la main.

Mel : on est trop fort

Bryce : j'aurais pas dit mieux

Cooper : Josh ta perdu !

Josh : je vous ai laissé gagné en même temps

Sab : mais bien sur *rigole*

Blake : j'ai une idée pour le gage

Josh : vasy

Blake : tu vois la brune la bah

Josh : oue

Blake : tu va vers elle tu fais exprès de tomber ensuite tu lui lâche ta meilleure disquette, si elle est réceptif tu lui demande son insta si c'est pas le cas tu part en disant un truc méchant

Josh : ça va ça va

Mel : j'espère pour toi qu'elle sera réceptive *rigole*

Payton : aller mec

Josh : j'y go

Il repart en courant vers la plage et marche vers la fille allongée sur sa serviette et pianotant son téléphone, elle relève la tête quand Josh se ramasse devant elle. Ils parlent ensemble, elle lui sourie, je crois qu'elle lui donne son insta. Ils parlent pendant un moment puis Josh reviens avec un grand sourire.

Jaden : vu comme il sourie c'est réussis

Josh : et comment

Bryce : alors ? Tu lui a sortis quoi comme disquette

Josh : ah ah secret

Mel : ta son insta ?

Josh : affirmatif

Noah : vous avez tapé la discute

Josh : oue elle est sympas et encore plus belle de près

Sab : les gars Josh va pecho !!

Blake : sa serait une première hein

Josh : ahahah très drôle tgl

21

Je n'aurais pas imaginé que ces vacances allait être différentes de toutes celles passés, je ne sais pas ce que le futur va me réserver, je ne sais pas si plus tard je serais toujours amis avec les autres, si je serais toujours avec Payton. Mais pour l'instant je préfère ne pas m'en soucier, je préfère continuer à vivre au jour le jour comme j'ai l'habitude de le faire. Tout ce que je sais, c'est que j'ai de la chance de vivre cette vie, d'être entouré de toutes ces personnes qui m'aime et je ne les remercierais jamais autant pour tout. Alors voilà, c'est ici que je vous laisse. Bonne continuation et n'oubliez pas : ne doutez jamais de vous !

END

Lightning Source UK Ltd.
Milton Keynes UK
UKHW010759051222
413416UK00016B/776

9 781837 612253